AF441014

Sueños de silencio
Poemario

DIEGO FORTUNATO

SUEÑOS DE SILENCIO

Poemario

Editorial
BUENA FORTUNA
Caracas

DIEGO FORTUNATO
Editorial Buena Fortuna
Caracas, VENEZUELA
Todos los derechos reservados
©Copyright

Sueños de silencio
Copyright©2018 by Diego Fortunato
Cuadro de la portada *El descanso* (Serie *Mujeres de piel de sombra,* 1985)©Diego Fortunato
Diseño cubierta©Cristhian Fortunato
ISBN: 9798822062979

Diseño y Montaje Graphics Center, c.a.
Printed in the USA. Charleston, SC
Primera Edición, julio del 2018
E-mail: diegofortunato2002@gmail.com

A la incertidumbre,
que siempre navega en nuestro ser.

INCERTIDUMBRE

Voy a navegar
en los vientos…
¡Qué me abrace
la incertidumbre!

Iré donde los dioses
caminan sobre sueños.
Donde las hadas
tejen laberintos
de amor. Donde
los duendes danzan
en las olas del tiempo.

*¡Qué me abrace
la incertidumbre!*

Sólo me dejaré ir.
Sin resistencia alguna.
Sin temor a la incertidumbre.
Iré como guerrero solitario
donde la soledad
huela a carmín dulce.
Donde la paz
de los desterrados
abriguen esperanzas
benditas y no un ocaso
nublado de odio.
Iré a la deriva
de las gotas marchitas.
De las perlas de azabache

que gritan con furia
palabras de amor.

*¡Qué me abrace
la incertidumbre!*

Buscaré entre los nidos
de la paz y hallaré
las sendas misericordiosas
de los ojos benditos
del ruiseñor.
Yaceré en sus brazos
alados y me dejaré
llevar por los caminos
escondidos. Por los cielos
moteados de celeste
incertidumbre. Iré allá,
donde nadie me espera.
Iré allá, donde el amor germina.
Iré allá, donde los sueños
no perecen, donde la vida
es dulce quimera
de dioses y poetas.

¡Voy a navegar
en los vientos!...

¡Qué me abrace
la incertidumbre!

¡Voy a navegar
en los vientos!...

¡Qué me abrace
la esperanza!

LÁGRIMAS

Con un saco
de lágrimas
a cuestas parto
por los caminos
de la vida.

No hay encrucijada
más triste y sombría
como la que está
cercada de angustias.

No hay sudor
al andar,
sólo gotas
de lágrimas
que hacen crujir
los sentidos.

No hay cansancio
ni temor, sino
un redoble
de lágrimas
que entonan
la marcha fúnebre
de la melancolía.

No hay susurro
en la partida.
No hay un adiós
ni un hasta luego,

sólo lágrimas
de pensamientos
marchitos.
Descorren por la piel,
descorren por la conciencia.
Ellas no parten.
Se quedan en la tierra
que las ha parido.
Se quedan para el olvido.

¡Van las lágrimas!
¡Van presurosas!
Van por los caminos
de la vida,
van por el torbellino
de las emociones.
No hay imágenes
ni latidos, sólo
sombras en el olvido.

ESENCIA

Manto de luz,
lluvia de querubines
en la orilla del agua
de la vida.
Profundidad del alma.
Huellas en la nada
cobijan los sueños.
Santuario bendito
de la fantasía…
¡Cabalga en el norte
del tiempo y atrapa
en tus redes
la ilusión perdida!
Sangre de luz,
santo clavel
de blanca felicidad.
No hay sombras
que empañen
el imperio del amor.
Es la riqueza del alma.
El tesoro escondido,
la vida de los sueños,
el aire que alimenta la vida.
Es la esencia…La esencia
que habla… La voz que grita
en la morada del corazón.

PRESIENTO

Presiento la inmensidad vacía.
Las horas del tiempo dormidas.
Presiento el funeral
de la dicha y las pasiones
vencidas. Presiento todo
y nada, porque como la nada
me siento… ¡La nada soy!

Murmullo de insectos
susurran en mis oídos
que todo se ha perdido.
El amor, los afectos
y los sueños vividos.

Presiento que mi aliento
es ya estorbo viejo.
Que mi risa ya no palpita
y que mis palabras
son letras muertas
que vagan en la letrina
del oscuro tormento.

Presiento tantas cosas
que hasta tengo miedo
de presentirlas.
Las ahuyento del lago
de mis pensamientos
dormidos, pero vuelven
a cabalgar briosas
sobre corceles

pintados de desprecio.

Presiento que todo
se va y que nada
ha valido la pena.
Presiento el olvido
de los días idos…
De las horas felices,
de las mieles de la dicha…
De la esperanza
que entregué a los míos.

Presiento la absurdidad,
la indolencia del amor amado,
de los hijos queridos
y las pasiones vividas.

Presiento todo y nada.
Presiento que la nada
se acerca. Que quiere
arrebatarme la esperanza
de mis presentimientos…
De la luz… De la verdad
que brilla en el horizonte.

Presiento… Presiento…
y vuelvo a vislumbrar
que todo se ha ido,
que todo se ha esfumado,
que la nada me besa
y me arrastra más allá
de la conciencia infinita.

No es un sentimiento…
Es la verdad… Me empuja
hacia parajes desconocidos
donde el agua se marchita
y los sueños bailan
en el funeral de las ideas.

Presiento que todo
ha partido… ¡Hasta
el pensamiento!...
¡Todo se ha ido!

CUANDO YA NO RESPIRE

Cuando mi cuerpo
ya no respire
respirará mi alma.
Mis pensamientos
vagarán en el mar
de la nada
como luciérnagas
de vida andada.
Sólo un soplo
a la deriva
de los recuerdos
será mi cuerpo,
savia nueva,
bosque de ideas vivas
donde germinarán
hadas vestidas
de blanca fantasía
que arrullarán
en sus vientres semillas
de seres vestidos
de sueños de terciopelo.

Cuando mi cuerpo
ya no respire
respirará mi alma.
Nunca morirán
los años andados.
Nunca los amores
queridos, ni el tiempo,
ni las letras,

ni las palabras
escritas sobre
faldas de poesía.

Cuando mi cuerpo
ya no respire
respirará mi alma.
Mis pensamientos
nadarán en el sueño bendito.
Mis ideas surcarán
los mares en botes
de verde olivo
y remontarán
montañas y colinas
plenas de fantasía.
No habrá río,
ni corrientes marchitas
que ahoguen las letras
cinceladas en los prados
del amor y la armonía.
Cuando mi cuerpo
ya no respire
respirará mi alma.
Briosos corceles
retozarán en el cielo
cantando cantos de alegría.

Cuando mi cuerpo
ya no respire
respirará mi alma,
mi poesía y todas
las letras derramadas

en los campos de la vida.

NUNCA DEJES DE SOÑAR

Aunque la adversidad
te robe el pensamiento,
nunca dejes de soñar.

Aunque la noche oscura
tiña de negro tus ojos
en primavera,
nunca dejes de soñar.

Aunque te arrebaten
la cordura,
nunca dejen de soñar.
Deja abierto
tu corazón al vendaval.

Aunque exploten
sentimientos
de amargura en la lejanía,
nunca dejes de soñar.

¡Siempre sueña!...
¡Siempre!... ¡Siempre!...
Sin importar
que los sentimientos
se hayan ido a dormir.
¡Sueña!... ¡Sueña!...
El mundo está a tus pies.

TIEMPOS PERDIDOS

Tiempo perdido,
tiempo olvidado.
Tiempos que nunca
regresarán.
Vuele la primavera,
el verano también,
pero el tiempo perdido
jamás retornará.
Regresa el otoño
y con este el invierno,
pero el tiempo perdido
se queda en la oscuridad
de los años,
en las horas olvidadas,
en el deseo incumplido.
Con el pasar de los años
también se pierden
en la memoria marchita.
Los tiempos perdidos
jamás volverán,
son como el tiempo
que presuroso
marcha al espacio infinito.
Vive el tiempo presente,
vívelo ya, porque el tiempo
perdido jamás volverá…
¡Ni la muerte lo hará resucitar!

AIRE Y LUZ

Aire y luz
impregnan la vida.
Bálsamo divino
de la Creación.

Sustento de amor
que abriga
la distancia
en el tiempo.

Esencia invisible
que recuerda
la presencia de Dios.

Germen del hombre.
Simiente de luz
y existencia
sobre la tierra.

Milagro invisible.
Boda eterna
del tercer
y quinto elemento.

Si puedes
ver su color
ya estás
durmiendo
el sueño
eterno.

24

Volverás
a tus inicios.
A ser polvo
de estrellas,
aire y luz
esparcido
en el universo.

FRASES ROTAS

Ideas sin principios.
Incoherencias
de los sentidos.
Cuando la mentira
aborrece la realidad,
la verdad navega
al olvido y se entrega
a los sueños perdidos,
a las frase rotas
de la malicia.

Confusión y perversidad
tejen las sendas
de las palabras vacías,
de las frases rotas
que pisotean imágenes
de luz viva, de la oración
de los pensamientos divinos
y en un soplo maldicen
el agua clara de la vida…

La verdad absoluta,
la de los santos,
ángeles y arcángeles,
de los héroes
de las palabras lúcidas
pinceladas de fe y bondad,
de los mártires y apóstoles
agonizan en su paladar.

26

Frases rotas,
palabras vacías,
maldita alucinación
de los sentidos…
Locura perversa,
abominación humana.
Púdranse en el infierno
que las ha parido.

MINUTOS

Son el tic-tac
de la vida,
pero hay algo en el aire.
Es la temperatura
de la vida.
El termómetro del tiempo.
Una vez al año
nos damos cuenta
que el reloj marcha presuroso
a abrazarse con en el tiempo.
Los minutos son como montañas de arena.
Es el ritual. La caravana
que convierte en horas
y años la existencia.
Son las ramas
que se quiebran.
Es la cacería del tiempo.
Los que aniquilan la vida
y nos conducen al silencio.
A los sueños olvidados,
al oscuro infinito del destino.

POLVO EN LA NADA

Hasta los recuerdos
se pierden
en las horas marchitas.
Todo se olvida… Nada queda.
Sólo perduran los héroes
de las artes y la guerra…
Los imperecederos…
Los inmortales…
Los que han dejado huellas
de sangre y sabiduría…
De letras… De palabras vivas
escritas que cabalgan briosas
en el espacio y el tiempo.

Fuego en el polvo
y cenizas de carne
para los mortales paladines
de las horas esculpidas
en la jungla de la vida…
De los trazos de amor
pincelados en el frío lienzo…
En el mármol que tomó forma
de ninfa de sublime e infinita belleza.

¡No se vive como tontos en el olvido!...
Como polvo en la nada.

Hay que comprender
la misión de la existencia
y porqué el Creador

en un suspiro nos lanzó
al espacio como
polvo de estrellas.
Somos peregrinos
del bien y el mal…
Vagamos perdidos…
Seguimos perdidos…
¡Hasta la muerte perdidos!

¡No se vive como tontos en el olvido!...
Como polvo en la nada.

Respiramos angustias
en el letargo
de los pasos del día
sin saber dónde se fueron
nuestros pecados y dichas.
Volveremos sin pena ni gloria
a la nada de donde salimos…
No hay réquiem
para el guerrero sin nombre,
para los que deambulan
por el mundo como sombras
desperdiciando la vida.
Serán olvidados…

¡No se vive como tontos en el olvido!...
Como polvo en la nada.

Semilla incolora,
blanca espuma
que nunca reveló

el canto de la vida.
Humano perdido…
Humano jodido…

¡No se vive como tontos en el olvido!...
Como polvo en la nada.

Sembrados
en la yerma tierra
nuestros restos
darán vida nueva
a pequeñas sabandijas
que también merecen la vida
y la muerte marchita.

¡No se vive como tontos en el olvido!...
Como polvo en la nada.

Quizás la muerte es la vida.
Quizás es el premio a las luchas.
Quizás no hay nada más allá de la muerte.
Quizás un Paraíso nos espera.
Quizás una quimera oscura es el fin.
Quizás habrá un túnel de luz y esperanza
que nos indique el nuevo camino.
Quizás más trabajo y luchas nos esperan.
Quizás sólo somos bacterias pensantes.
Quizás no somos nada…
Quizás sólo una ilusión.

¡Sólo vivimos
como tontos en el olvido

y la muerte es el premio de vida!

TENGO

Tengo un techo,
una cama…
Un rectángulo
mudo encierra
mis pensamientos.
Paredes calladas…
Paredes silenciosas,
paredes que suspiran
y danzan con alegría
en la penumbra
y al sol del día.

¡Tengo paz!..
¿Para qué más?

Tengo mis sueños…
Tengo mis ilusiones,
Tengo mis fantasías.
Tengo mis locuras,
mis divagaciones.

¡Tengo paz!..
¿Para qué más?

Tengo lo infinito,
lo que nunca
imaginé tener
 y, sin embargo,
lo tengo.

¡Tengo paz!..
¿Para qué más?

Tengo felicidad,
risas a granel,
bondad en mi corazón
alma limpia
y misericordiosa.

¡Tengo paz!..
¿Para qué más?

El perdón es mi norte,
la verdad la esencia
de mi espíritu,
Dios la meta infinita.

¡Tengo paz!..
¿Para qué más?

Tengo al viento,
a los corceles del bien
cabalgando
sobre las auroras
de los años interminables…
De los sentimientos blancos.
Tengo todo y nada, pero…

¡Tengo paz!..
¿Para qué más?

PROMESAS INCUMPLIDAS

En el amor
y los sueños
hay promesas
que se tiran al río
para no volverlas
a ver nunca más.

No se van…
Se quedan…
Sin saber porqué
se anidan en el cerebro
y anclan en el corazón
y cuando quieren,
como espina molesta,
te recuerdan
que permanecen
para martirizar
tu pecado venial.

Sacarlas de nada sirve.
Menos olvidarlas.
Las promesas incumplidas
siempre estarán contigo
vayas donde vayas
y sólo se despiden
cuando ya no haya
cuerpo en que anidar.

Sólo la muerte se las llevará.

ALMORZAR CON LOS SUEÑOS

De la misma forma
como te presiento eres.
Humano y celestial,
hermoso y omnipotente.
Eres el sueño,
el Dios olvidado
en el inconsciente,
pero hoy te invito
a estar un momento conmigo.
Quiero ver el día,
sus luces sin soles,
las cosas olvidadas,
las vidas acabadas,
para estar cerca
del amor y la esperanza.

Sacaré mi lonchera,
el estómago no espera,
menos los sueños y la razón.
Almorzaré con las ideas,
con los océanos y las letras
en los confines de la vida
porque todo está escrito
en el tiempo y la vida.

Almorzaré contigo… Otra vez…

PRISIONEROS DEL MIEDO

No viven… Solo deambulan
por la vida como almas en pena.
No tienen sueños ni ilusiones.
Viven en un pasado recóndito
en busca de paz y reconciliación
pero sólo encuentran penas
y angustias a su paso.
Un mundo al que quieren volver
pero no podrán hacerlo… Se ha ido.
Volado más allá de los sueños
y las ilusiones. Nadie podrá, jamás,
volver a recorrer sus caminos.
Pero insisten… Buscan alivio
a sus angustias, dudas e indecisiones.
Son los prisioneros del miedo.
Lo encadenados a las penas,
los que cabalgan sobre los temores.
Fingido algunos, otros banales
espejismos de sus mentes.
No viven ni dejan vivir.
Solo le temen a la vida…
A vivir plenamente y sollozar
cuando toque hacerlo.
Su norte es el miedo.
Viven en confines oscuros
de dunas inmóviles y traicioneras.
Atrapados en un maléfico territorio
que paraliza mente, cuerpo y espíritu.
¡Es la parálisis del destino!
Ironía del verbo… Infierno de mente

turbulenta y desbocada.
Han labrado su propio cadalso
y no buscan derrumbarlo.
Sólo lo adornan con guirnaldas
de fingidos pavores.
Invisibles cadenas fortalecen
su cárcel hasta el sepulcro.
¡Sólo un ay!... Un lamento sordo
los acompaña a la eternidad de los tiempos.

EL VENIR

Canto a la vida,
canto a la ida.
Canto a la esperanza,
canto a la partida.
Canto a los sueños,
canto al amor…
Pero el venir,
lo que está
por venir,
lo inexistente
que llaman futuro,
es un inmenso
laberinto sin fin.

Hasta el pensamiento
que está por venir
se esfuma en instantes
después de existir...
Después de vivir…
Después de morir…

El venir
donde se pincela
el *Libro de la Vida*,
sólo Dios sabe
hasta qué página
llega o cuántos
puntos suspensivos
faltarán para el temido
y seguro punto final.

El venir
no se ve,
es impalpable,
e imperceptible
como los sueños,
pero existe… ¡Vive!
Vive dentro
de cada ser
y se anida
en el alma….
En todas las almas,
pero nadie lo ha visto.
¿Cómo será
el próximo
segundo?...
¿Un punto
y coma,
o un punto
y aparte
lleno
de puntos
suspensivos
para después,
entre comillas
y paréntesis,
seguir
su perenne
e ignoto
recorrido?...
¿O quizás
será

el oscuro
y sombrío
punto final?
¿Usted lo sabe?...
¿Alguien
me lo puede
decir?
¿Alguna
máquina
lo puede
captar?

El venir
es la paradoja
de la vida.
Es el segundo
que nace y muere
en un instante.
En la vida
que vive
y la vida
que muere.

El venir,
el no saber
lo que está
por venir,
nos mantiene
vivos y alertas
en el porvenir.

El venir

es como
el sueño
que soñamos
después
de dormirnos
sin saber
qué soñaremos
o si volveremos
a despertar
o a soñar otra vez.

El venir
es el todo
y la nada.
Es el futuro
y el presente
de la vida
del que nadie
conoce cómo
o cuál será.
El venir
es el elixir
de la vida.
Nunca
temas
lo que está
por venir.

¡Teme
no vivir!

¡Teme

Paralizarte!

¡Teme morir
estando vivo!

SI FUESE UN INSTANTE

Si fuese un instante,
y ese instante fuese ya,
dibujaría un mundo mejor,
lleno de alegría y paz.
Hermosas y risueñas
golondrinas vestidas
de amor esparcirían
por el sendero del infinito
un himno inmaculado
con olor a claveles
teñidos de piedad.
Sentado en el borde
del tiempo escucharía
como niño embelesado su canto
de quietud y hermandad.

Si fuese un instante,
y ese instante fuese ya,
cincelaría en el espacio infinito
una estatua de bondad eterna
sobre pétalos de rosa
y perfumados océanos de miel.

Si fuese un instante,
y ese instante fuese ya,
cabalgaría sobre corceles
de vida para derrotar
al hambre voraz
que como peste maldita
mutila y silencia la vida.

DESNUDOS EN EL TIEMPO

Una mirada al cielo,
un lamento, la muerte…
El luto de la indiferencia
atrapa los sentimientos.
Desnuda está la esperanza.

Frágiles e inocentes ojos,
millones de ellos,
relucientes como luciérnagas
escondidas en el tiempo,
ahogan sus gritos con eco sombrío.
Nadie escucha…
Es la inercia del mundo.

Cada tres segundos…
Uno… Dos… Tres…,
un niño abandona la vida
para abrazar la dulce muerte
que dará sosiego a sus penas.
Miles de esqueléticos querubines
teñidos de azabache añil
se ofrendan sin descanso
al ritual sombrío del abandono.

Niños abandonados… Niños que mueren…
¡De hambre!… ¡Sí, de hambre!...
Sin un mendrugo de pan para acallar
sus hambrientos estómagos.
Son las víctimas de la indiferencia
Los desfallecidos de la codicia

y la cruel indiferencia.
Los arrojados al abandono,
a la suerte de los buitres.
Mientras,
al otro lado del mundo
montañas de alimentos
son tiradas al abandono,
al pasto de ratas y alimañas,
en los estercoleros de la bonanza…
Y qué decir de los banquetes
y exquisitos manjares que dejan
como desperdicios banales
los fariseos que moran
la opulenta y rica Santa Sede.
Son sobras al pecado…
Ofrendas a Lucifer…

Millones de niños,
con rostros pincelados
de triste melancolía,
mueren en los años marchitos,
en la oscura indiferencia
sin un bocado de pan.

¿Cuántos siglos más deberemos esperar
para que el mundo despierte y se apiade?
¿Por qué tanta indolencia?
¿Por qué tan cruel abandono?
¿Por qué le dan la espalda a los querubines
de piel teñida de lamento y hambre?
¿Dónde está la piedad humana?
¿Dónde los hombres de buena voluntad?

¿Dónde la humanidad? … ¿Dónde la misericordia?
¿Es qué acaso han muerto en sus corazones?

Lloro, pero nadie escucha…
¡Lloro!… Sólo lloro…
Una ahogo infinito embarga mi ser.
Un manto de impotencia
ahorca y paraliza mi asombro…
¡Lloro!… Sólo lloro…
Ellos suplican, sufren y mueren…
Nadie escucha… Ni un lamento…
Sólo una poesía de tristeza en el recuerdo…

Mueren… ¡Siempre mueren!...
Por miles cada hora, cada instante.
Son niños… ¡Sólo niños!...
Querubines sin pecado…
Nadie escucha… Nadie pregunta…
El llanto inunda la selva
que una vez fue fuente de vida…
La apatía enerva las venas de la amargura.

Nadie escucha… ¡No quieren hacerlo!...
Es la sordera perversa y dañina…
Ya no hay nada que conquistar en el África mía…
No hay oro o diamantes que hurtar,
menos petróleo, uranio o coltán
y la esclavitud hace siglos se abolió…
Ya no queda nada que martirizar.
Ya no queda nada que saquear…
¡Ya no nos sirven para nada…
¡Qué mueran!... ¡Son negros!...

Es el designo de la maldad…

El amor va de retirada…
¡Triste!... Cabizbajo…
Nadie parece conmoverse…
Lloro… Sólo lloro…
A nadie le interesan
las lágrimas de África…
¡Menos las mías!… Esa es la vida…
Me conmueven los mártires
de la indolencia…
Los mudos del tiempo.
Almas perdidas
en el carrusel de la nada.
La de los inocentes del África mía…
Apenas abren los ojos
la crueldad los espía y devora.
Es el acecho de la maldad…
La pesadilla voraz.
Son hijos de la muerte, los del África mía…
Vagan sin futuro en las horas amargas.

Se mueren los hijos de la noche,
los oscuros de piel, los del recodo
del mundo donde germinó el ser.
Con ellos muere el hombre…,
el alma de la humanidad.
Muere la existencia… Muere la piedad.

Iré por la vida
soñando cosas idas,
soñando por un mejor día,

pero nunca seré feliz
si no veo a los hijos de la nada,
a los desnudos del tiempo,
a lo niños del dolor, a las frágiles
criaturas del África mía,
radiantes y gozosos brindándole
a Dios una sonrisa de vida y felicidad.

LOS AÑOS

El tiempo surca la vida
en los caminos de la piel,
pincela el rostro de opaco otoño…
De sufrimientos y felicidad,
quimeras y sueños.

Los duendes se embelesan
en los pensamientos,
en las horas idas y olvidadas,
en el tiempo desperdiciado
en los prados de luchas
estériles y sinsabores.

Los años cabalgan al olvido.
Nunca volverán.
Son los años de la vida…
Del ocaso del destino.
De los cipreses
que retoñan y esperan
en tierra baldía.
En la sombra del ayer
que alumbra el fin.

Los años… Los años…
Son imperecederos
cuando dejan huella de su paso.
Cuando ofrendan una letra escrita,
una palabra al viento,
otra a la existencia.
Las palabras

nunca mueren
en el tiempo…
Vagan en el espacio
de la eternidad
y anidan en los sueños
de los que vendrán.

Los años… Los años…
¿Quién puede detenerlos
en su loca carrera?

Vive el presente
con intensa bondad.
No esperes que los años
te conviertan en polvo.

FLORES MARCHITAS

Todos los días se van.
A veces cientos de ellas.
Otras miles,
decenas de miles.
Algunas dejan huellas.
Otras se van al olvido.
Por un tiempo se anidan
en los sentimientos
luego parten a la eternidad
despojándose del olvido.
Vagan desnudas
por el tiempo.
Una vez fueron vida.
Ahora son flores marchitas.
Brindaron afecto y amor
a sus seres queridos.
Protección a los desvalidos.
Mimos y embeleso
a los retoños paridos.
Ahora son flores marchitas,
flores del olvido.
Algunas quizás vayan
al edén de los seres de fe.
Otros sólo quedarán
en las fronteras inmortales
de la nada y el abandono.

Son flores marchitas
que una vez dieron vida.

MENTIRAS MUERTAS

Se han ido al olvido
con sus engaños,
con su perversa maldad.
La confusión es la tumba de sus ideas.
El miedo abono de su aliento.
Su blasfemia temerle a la vida…
Vivir plenamente… Sin mentiras.

Sembraron dudas,
confundieron sin misericordia.
Manipularon la verdad sin piedad.
Son mentiras muertas
en el laberinto de las angustias.

El daño fue hecho.
El daño está hecho…
La compasión ha muerto.
No hay vuelta atrás.
Nunca podrán
reverdecer a la bondad
las mentiras muertas,
las que sembraron
dudas y pecado.
Yacen en un huerto
de negro estiércol
que divaga en la nada.

Algunas se aferran
al recuerdo,
tratan de sobrevivir,

pero moribundas
descienden
al pozo del infierno
que las vio parir.

¡No hay nada más bello
que la verdad!
La verdad es la vida,
los sueños y el conocimiento…
El amor y los sentimientos.
La verdad es la luz
de los sentidos,
la paz de los corazones…
¡El alma de Dios
hecha vida!

LA CARTA

Quiero escribir una carta
pero no sé a quién dirigirla.
No tengo nadie que la espere
ni una dirección donde enviarla.
De todas maneras la escribiré.
La remitiré a mi corazón,
que sí escucha y leer sabe.
Querido amigo:
   Primero que nada, mis mejores
deseos para que sigas así, sano y fuerte
y pleno de dicha, salud y felicidad,
el cual hago extensivo a todos
tus amigos y familiares
que te circundan y siempre alientan
para que nunca te detengas
y continúes en la dura batalla
hasta que el Altísimo disponga.
 Sé que he sido injusto contigo.
Que te debía estas líneas
desde hace bastante tiempo.
Que te he reclamado cosas sin razón.
Te suplico perdones mis desaciertos.
Que olvides todos esos malos ratos
que te he hecho pasar sin recato.
La vida, y tú lo sabes mejor que yo,
me ha dado duros golpes y aflicciones.
No sé si con justicia o no.
   Lo sé. Eso no justifica mi proceder.
Tantas penas te he endosado
y tantos desconsuelos innecesarios

que fue como clavarte un dardo.
Porque, al fin y al cabo, no tenías culpa de nada.
Perdona por tanto dolor, tanto sufrimiento,
que te infligí en mí alocado ir y venir.
¡Qué buen amigo eres!...
¡Qué fiel y manso compañero!
Tú sabes que todo lo acepto
y que de nada me arrepiento,
aunque el destino, puerco e infame,
me encajó el pecado de haber
nacido en un mundo ruin y malvado.
Nunca quise dañarte, ¡válgame Dios!,
porque te amo tanto como a mí mismo,
ya que eres bueno, sano y prudente.
Los deslices de mi vida sentimental
los soportaste con heroísmo colosal.
Te lo agradezco infinitamente
y nunca lo apartaré de mi mente.
Así como el amor que le brindaste
a mis hijos, a los cuales tenías como tuyos.
Tanta ternura, tanto cariño diste
que me hiciste sentir mucho orgullo.
Y a mí madre, ¡cuántas caricias
y embelesos dabas cuando la mirabas
en lo profundo de su ojos vivaces y alegres!
¿Te acuerdas cuando yo era feliz
el gozo que me ofrecías en cada
salto del día y en las noches de armonía?
¡Qué hermoso era sentirte latir cerca de mí,
amar conmigo y ser amado por ti!
Me enseñaste tantas cosas que no sé
por dónde empezar ni como describirlas.

A ti te debo todo el amor que pude dar,
los sentimientos y las pasiones,
pero lo que más te agradezco es ese don
divino, esa huella indeleble,
que sembraste en mí alma arrogante
al mostrarme al Dios de las alturas
que me apartó del camino errante.
¡Qué dicha!... ¡Qué misericordia, la tuya!
Recuerdas cuando niño cómo jugabas
conmigo, cómo tejíamos los sueños
con cándida inocencia y amor celeste,
porque decías que el amor era azul,
como el azul del cielo, nido de ángeles,
querubines, santos y vírgenes divinas.
¿Y mis lágrimas?... ¡Cuántas lágrimas!
¿Recuerdas lo qué me decías
para contenerlas. ¿Sí?... ¡Qué bueno!
Yo también lo recuerdo y nunca lo olvidaré:
"Perdónalos… ¡Perdónalos!...
No saben lo que hacen…", señalabas
en susurro que sólo yo escuchaba.
Tu me enseñaste ese sortilegio maravilloso,
ese don mágico que concede el perdón.
Esa liberación divina que purifica
y dignifica a quien concede y recibe.
¡Qué maravilloso eres!... ¡Único en verdad!
¡Qué mal te traté durante mis despechos,
mis mal de amores y mis locas carreras
al despeñadero de las angustias plañideras!
¡Qué inquietud y turbación te trasmití
y cuántos desvelos por mí dolor!
¿Te acuerdas de Luisa?... ¡Claro, cómo

no te vas a acordar! …¡Qué sentimientos
tenía! Y esa mirada de virgen encantada
era todo un poema para enamorados.
Y de Laura e Isabel y las otras, ¿recuerdas?
¡Qué hermoso es amar más que el amor!
¡Qué contento te sentías en esos día!...
Bueno, no fueron días sino años,
tan plenos de felicidad que los dos,
tomados de la mano y con el regocijo
pincelado en nuestros ojos claros,
cantábamos por la calles de la ciudad
tantos vivas y tonadillas al amor
que teníamos a todos hasta la coronilla.
Bueno, son cosas del pasado, lo sé.
El presente no es tan maravilloso
en esas cuestiones. Tendrá sus razones.
Lo importante es que estás a mi lado,
fiel e inseparable amigo de luchas
y batallas, alegría y desdichas y nunca,
siquiera en pensamientos, pensaste,
y valga la redundancia, meterme
en una ambulancia y dejarme
con una lisonja en el abandono.
Siempre a mí lado, como un guerrero
de los tiempos pasados y presentes.
Siempre has estado ahí, vigilante,
para que ningún espía errante penetre
las barreras que nos mantiene rozagantes.
   Te amo, querido amigo. Sigue así,
firme y decidido, porque los combates
todavía, y tú lo sabes, no han concluido...
Entre vendavales y tempestades,

derrotaremos a los furiosos huracanes
y sobre lava de volcanes marcharemos
siempre juntos hasta llegar al reino
venerable de las ideas puras y benditas
porque todavía queda mucha tela sin cortar.
Bueno, me despido, no sin antes desearte
muy cariñosamente que sigas lúcido y valiente,
sin interrumpir tu ritmo y galope, no importa
si la cuesta es empinada y que por ahora
sólo podamos comer papas y ensaladas.

Un fuerte abrazo amigo mío, extensivo a todos
los que te rodean, a esos valientes, que te ayudan
en el diario y vigoroso palpitar.

Cordialmente,
Tú tutor

P/D: Te amo doblemente. Por lo que eres y por todo lo que
me has enseñado.

PROMESA

Prometo
no olvidarte
en mis sueños.
Llevarte
dentro del alma
hasta más allá
de la inocencia
de un beso.
En el fuego
de una pasión
inextinguible…
Como el aire
de una caricia
peregrina.

Vagaré en la nada…
Vagaré en el todo…
Vagaré en tu piel.

Prometo
descansar
en el bosque
de eternos cipreses
que lloran recuerdos.
Cortejaré la morada
de los sentimientos
y en tu regazó
depositaré los afectos.

Vagaré en la nada…

Vagaré en el todo…
Vagaré en tu sed.

Prometo
oler el nido
sin descanso.
Absorber
la fragancia
del deseo…
Mi apetito
se desborda
en los espacios
de la vida.

Vagaré en la nada…
Vagaré en el todo…
Vagaré en tu miel.

Prometo
el todo en la nada
y me dejo llevar
por los suspiros…

Vagaré… Vagaré… Vagaré…

NUNCA BUSQUES EL SILENCIO

Escucharte, música,
es susurro celestial.
Violín o flauta, arpa o pianoforte,
lágrima cristalina
que deleitas el alma mía,
y el vuelo de las golondrinas.

Canto de perdices y ruiseñores…
¡No hay Cristo más alegre
que al que le cantan los cantores!…
La melodía pellizca la tierra
y ella, bendita, besa sus notas.
¡Eso es la música!

Me pierdo en sus cenizas.
Vuelvo loco la vista
para atrapar sus acordes
en el viento
pero quedo sin aliento.

¿Quién inventó la música?... ¿Dónde
está el Dios que dio su aprobación?...
¿Quién posee un oído tan divino
que hasta la esperanza
y el sufrimiento perciben su olor?

Si la razón fuese de papel,
un pentagrama fiel
escribiría sobre su piel.
La música es la vida.

Suspiro de dioses.
En cambio, la poesía
es el sueño de la música,
la palabra escrita en el corazón,
en el sufrimiento,
el llanto lejano y el dolor,
y la pintura la imagen
que todo lo cubre,
que todo lo disfraza
y colorea en el lienzo.

¡Habla corazón!... ¡Habla!...
pincela el amor,
la música y los versos
sobre los hijos de la tierra.
Germina la última canción
de la esperanza
y regrésale la alegría de vivir.

Nunca busques el silencio...
¡Huye de la inercia!...
¡Atrapa el movimiento!...
Porque sólo en la música
está el ruido de los sentimientos.

TIEMPOS PRESTADOS

Vivos tiempos prestados
en los murmullos de los sueños.
Sólo siento el eco de un aliento,
sofocante y húmedo,
en los bordes del silencio.

Vivo tiempo prestados
en el otoño. Son como recuerdos
dormidos en el sudor de tu vientre.
Olor de té marchito
en las burbujas de la risa.

Vivo tiempos prestados
en el jardín de la luz de niebla.
Soy luciérnaga errante.
Cristal roto en el tiempo.

Vivo tiempos prestados
redimidos del viento.
Caricias de ira,
profanas y benditas,
castigan mi piel.

Vivo tiempo prestados.
Vivo tiempos pasados.
Soy una pisada en la arena
que espera el vaivén de las olas
para abrazarse a la lejanía.

¿DÓNDE ESTÁ LA AURORA?

Bebí piel de llanto
en un sueño de agua
buscando rayos penetrantes.

Estuve allí,
en el ocaso de las ideas
gimiendo una esperanza perdida.

Recordé que las sombras
posan sus dedos en la nada
para palpar el sufrimiento.

Viví un instante
en la vereda de la aurora
para embriagarme de luz.

Perdí luego el camino
en un bosque de pensamientos
que murmuraban frases extraviadas.

Quise asirme
de un humo de fuego
para deslizarme en sus cenizas.

Penetré en el grito
profundo del alma
y escuché la aurora
que trotaba en la lejanía.

Pregunté entonces a las lágrimas

que esculpían perlas en mi rostro,
¿dónde está la aurora?...
¿por qué se llevó mi fantasía?

NOTAS AL SILENCIO

Cierro los ojos
y me dejo atrapar en la nada.
Luces y destellos de silencio
inundan con su blancura
los pensamientos.

Huele a soledad.
Soledad de cipreses
muertos en las veredas
que tejen los sueños.

Sedas de viento
descorren lentamente
en el latido del tiempo.

Corceles de agua
tocan inconscientes
las sienes de nieve.
Rosas blancas y azules
abren sus puertas
manchando el silencio.

Mascaradas
de hojas muertas
hurgan en el exilio
del sufrimiento buscando
los fantasmas del silencio.

Atardecer que te vas,
noche que llegas,

pinta en mi cabello
el color del silencio.

EL PERFUME DEL SILENCIO

Estuve solo,
no sé si por horas,
minutos
o fracciones
de ellas.
¡Qué importa
cuánto tiempo
fue!... Para mí
fueron años,
quizás
una eternidad.
¡Qué importaba
el tiempo si el tiempo
también es silencio!...
¡Qué importa todo
si cabalgabas errante
sobre crestas de paz
en la inmensidad
del silencio.
Ni un ruido,
sólo su suspiro
y murmullo
celestial
envuelven
todo mi ser.

Una alondra
y luego un pájaro
cantor
traspasaron

fugazmente
mi silencio.
Se acercó
tanto,
pero tanto a mí,
que hasta
pude oler
su perfume
y ver su color
de madreperla
transparente
como el sueño
divino del Creador.

No podía
apartarme
de aquella fragancia,
ahora con esencias
de nardos
y rosas plantadas
en el infinito.
Atrapado
en la quietud
absoluta
de su silencio
y embriagante aroma,
de pronto vi
sus ojos de miel.
Su mirada
de celestial
alegría
y silencio

resplandecían
de tal forma,
que me ruboricé
por instantes
imprecisos
en el silencio.
Nunca vi
mirada igual
ni ojos
tan profundos
impregnados
de paz.
Seguí viéndolos
mientras
lágrimas
de silencio,
teñidas de piedad
descorrían calladas
por mis mejillas
nacaradas de amor.

Estaba solo,
no sé si fueron
horas, minutos
o fracciones
de ellas.
¡Qué importa
cuánto tiempo
fue!... Para mí
fueron años,
quizás
una eternidad,

una eternidad
que jamás
olvidaré porque
donde mora Dios
el mundo embriaga
de amor al perfume
del silencio.

LA VEJEZ

Algo peor
que la muerte
misma es la vejez amarga,
sin risas, con llanto,
que con cruel apatía
te lleva a contar los días…
La espera… Las horas…
La llegada del silencio.

Buena es la vejez
de los sueños idos,
de las ideas amadas,
cuando los tuyos
te miman como cuando
te mecían en la cuna
con ternura y amor…
Eso es sólo a veces…
Cuando en verdad te aman.

¿El silencio, la soledad,
la enfermedad, la locura
o la vejez, aquella que acaba
con tú mente, es peor que la muerte?
¡No lo sé!... ¡Sólo Él lo sabe!

La vejez es musgo solitario,
pared sin corolario,
martirio lento y tortura
sin sentido cuando
los tuyos te abandonan

al calvario, a las huestes,
malditas y sin sentido…

Algunos los llaman asilos,
ancianatos o pensiones,
pero son asesinatos
a corta y larga distancia
donde no queda huella,
sino una palabra: ¡Maldad!
…y otra: ¡Crueldad!

La vejez es la gloria,
la cicatriz de los héroes olvidados,
de los sueños acabados,
de las horas contadas
y de las hembras amadas.

La vejez acaba,
tal como la vida concluye.
Tal como el sueño termina
al igual que finaliza la vida.
¡Todo acaba, menos la muerte!

POR QUÉ LLORAN LAS MARIPOSAS

Tirado en la ribera de la nada
pensaba en el atardecer
de la primavera, en los bosques
callados y siempre vivos
de la sabiduría silenciosa.

Escuchaba el riachuelo
de mi alma descorrer
hacia el eterno
soplo del viento.

Miraba embelesado
a los pájaros cantores
de fantasías y quimeras
que cabalgan en los sueños.

Miraba al mundo
girar en torno mío
pero no entendía
sus movimientos
ni el porqué de la vida.

Todo fluye. Nada es eterno.
Hasta la muerte es temporal,
como temporales son
las ideas y las ilusiones.

Me vi tirado
sobre una alfombra
de hierba viva

adornada por flores
de tantos colores
que el mismísimo arco iris
las hubiese envidiado
si ese vil defecto
albergase su juego golondrino.

Estaba tan feliz
que hasta la dicha
susurraba su alegría
en el eco de la montaña.

De pronto vi una,
después otra,
más adelante a millones
de hermosas mariposas
de múltiples colores, formas
y maneras de danzar al viento.

Una muy pequeña,
de tiernas y agraciadas
alas color azul cobalto
ribeteadas de perfumado
listón blanco, dejaba
descorrer una lágrima
por su inocente mejilla.

No pude permanecer más tiempo
tendido en la hierba viva.
Me incorporé, fui hacia
ella y curioso le pregunté:
¿por qué lloras mariposa?

Levantó su rostro
y con la lágrima
aún rodando hacia
la inmensidad intangible,
me dijo: Por el mundo…
Por ustedes…
¿Y por qué?, la interrumpí
en su sollozo interior sin
dejarla concluir y me dijo:
Porque navegan hacia el fin
y siquiera se han dado cuenta.

Me recosté junto a ella
y puse a pensar a su lado
mientras una gran lágrima
también rodaba por mi rostro.

LA SOCIEDAD DE LOS POETAS LIBRES
A todos los soñadores que pincelan palabras.

En un mundo ignoto
de pensamientos vivía
una sociedad secreta tan hermética
que los fantasmas de las ideas
decidieron investigar su paradero.
Surcaron montañas de letras,
consonantes, pronombres y verbos.
Remontaron ríos plagados
de preposiciones, artículos y acentos.
Una avalancha de adjetivos
casi los tapia entre lanzas de diptongos
y las letales rimas mientras pasaban
un destartalado puente colgante
hecho de fibras de sujetos
y pretéritos imperfectos.
Sin aliento, llegaron a la cima.
Adheridos a una lustrosa pared de comas
pasaron sobre los resbaladizos
puntos suspensivos
y de pronto, allí estaban,
frente al majestuoso
y señorial punto final
flanqueado por dos rudos
puntos y coma
que terciaban en sus pechos
un enjambre de cartuchos
de interrogantes
y en las manos asían
cuatro fuertes e insensibles dos puntos.

Recobradas las fuerzas,
tambaleantes
los fantasmas de las ideas
le preguntaron:
¿Qué debemos hacer
para tener el honor
de ser miembros
de vuestra distinguida sociedad?...
¿Qué méritos alcanzar
y cuál la cuota a pagar?
El privilegio es simple,
contestó el Rey de los puntos,
tanto que no se necesita mucho:
Es tomar amor, sueños y fantasía
y juntas lanzarlas en un bosque
repleto de pasión, ilusión y sentimientos.
Cuando comienza a oler a esperanza
se adereza con un poquito de dolor,
se le echa dos gramos de realidad
y cuatro cucharadas de imágenes
surtidas en sublime amor
y dos hojas de llanto picante
cultivadas en el corazón.
Cuando la cocción
pasa de las horas del pensamiento
ha llegado el momento ideal
de ponerlo a enfriar
no sin antes darle otro toque
del más puro amor.

Después, sólo una palabra…
y detrás de ella otra cabalgando

sobre una más lejana y ésta corriendo
con alegría tras otra que busca la libertad.

SUEÑOS DE SILENCIO

Me dejo llevar
por los caminos de los sueños
como frágil hoja
perdida en el tiempo.
Entro en su bruma de paz…
Por doquier veo prados
sembrados de luz celestial.
Todo es silencio
en la morada infinita.
Sólo se escucha
el aliento del alma
que arrulla los sueños.
Una relumbrante luz
de blanco divino
entona cantos
de alegría, paz y armonía.
Sus acordes
de miel y perfume
acarician la fantasía.
Un distante murmullo
despierta el sueño
que cabalga libre
sobre un mar
de guirnaldas de perlas
somnolientas.
¡Sólo un susurro!...
Luego una palabra
se escucha en la lejanía...
¡Ha llegado el día
de la dicha inmortal!

Retiñen campanas
de celeste tañido.
Una voz se escucha.
Una voz divina…
¡Ha llegado el silencio
envuelto en la nada!...
Es el todo absoluto de la vida
que se entrega como virgen bendita.
El silencio de la nada…
El silencio bondadoso…
El silencio de la partida.

CUANDO MUERA

Procesión bendita
de sollozos y deseos.
De adioses postreros
y lamentos fingidos.
De mujeres amadas
hasta el infinito
en goce bendito.
Cuando muera,
la luna se habrá oscurecido
y el día ido al olvido.
Se fue el pasado y el presente
y el futuro se vistió de luto.
Cuando muera
los cipreses llorarán
lágrimas del cielo
y nubes de olvido
rociarán el féretro entero.
Bañado el día estará de amor
porque la fe volvió a su nido,
al sueño, al Dios perdido.
Cuando muera mi alma reverdecerá.
No habrá espinas… Sólo alegrías.
Cinco capullos plenos de felicidad,
cantarán con mudez celestial
a la gloria del guerrero perdido…
Del que nunca se irá,
del que siempre existirá
porque quedó en la eternidad
de sus corazones floridos.

Epitafio prematuro de Diego Fortunato
(O sea yo. Escrito en la vigilia de locos pensamientos la bohemia noche
de un hermoso día bien vivido, amado y repleto de buen vino. Año
2006 de mi primera (¿?) existencia).

APUNTES SOBRE
EL POEMA *BLANCO*

NOTA DEL AUTOR:
Este poema folklórico-costumbrita
constará de más de 500.000 líneas,
de las cuales sólo 17.820 están escritas.
La finalidad es romper el récord Guinnes
del poema más largo del mundo,
que ostenta la epopeya folklórica curda
Manas, que apareció impresa en 1958.

86

BLANCO

I
PREÁMBULO

Blanco es el amor
Blanco el honor
Blancos son los dientes
Blanca la pasta de dientes
Blanca la unidad
Blanca la igualdad
¡Todo es blanco!

Blanca es la luna
Blancas las estrellas
Blancas las pantaletas
Blanca la hija de Antonieta
¡Todo es blanco!

Blanco es mi carro
Blanco es el perro
Blancos los peroles
que me encuentro
Blancos los sentimientos
¡Todo es blanco!

Blanco es el negro
Blanco su orgullo
Blancas sus manos
Blancas sus uñas
Blancos sus temores
Blancas las pasiones
¡Todo es blanco!

Blanca es la nevera
Blancas las rayas
de la carretera
Blanca es mi Riviera
Blanca es la naviera
¡Todo es blanco!

Blancos son los pañales
Blancos los viejitos otoñales
Blancos los pastizales
Blanca mi casa de Carrizales
¡Todo es blanco!

Blanco es mi partido
Blanco es mi primo
que se muerte por un batido
Blancas son las ovejas
Blancas las orejas
¡Todo es blanco!

Blanco es el balón
Blanco mi corazón
Blancas son las nubes
Blancos los perfumes
¡Todo es blanco!

Blancos son mis mocasines
Blancos los jardines
Blancos los jazmines
Blancos los rines
de mis patines

¡Todo es blanco!

Blanca es la talanquera
Blanco el vestido de la enfermera
Blanca es la espuma del mar
Blanca la bicicleta
que voy a comprar
¡Todo es blanco!

Blanca es la libreta
Blanca la prima Concetta
Blanca la ambulancia
que siempre se choreta
¡Todo es blanco!

Blanca es la nieve
Blanca Blancanieves
Blanco el médico
Blanco el paramédico
Blanco el pañuelo
Blanco el consuelo
¡Todo es blanco!

Blanco es el arroz
Blanco el queso
que le da sazón
Blanco mi corazón
que se lo come con pasión
¡Todo es blanco!

Blanco es el cariño
que me tienes desde niño

Blanco es el jabón
Blanco el cajón
donde guardas el jamón
¡Todo es blanco!

Blanca es la leche
Blanca la hamaca
donde te meces
Blanco el buñuelo
de tu abuelo
¡Todo es blanco!

Blanco es el baúl
Blanco el loco Raúl
Blanco el vestido de tul
Blanco el bigote de Saúl
¡Todo es blanco!

Blanca es la cesta
que te mandaron
desde La Puerta
Blancas las flores
que despiden olores
Blanco el reflejo
Blanco el conejo
¡Todo es blanco!

Blanco es el lienzo
donde pintas mientras pienso
Blanca es la novia
que te llevará a la gloria
Blanca es la nata

Blanca es la lata
¡Todo es blanco!

Blanca es la corbata
que llevas debajo de la bata
Blanco el capullo
Blanco el arrullo
¡Todo es blanco!

Blanco es el cojín de Benjamín
Blanco el yesquero
Blanco el cenicero
Blanco el cero
que te pusieron por grosero
¡Todo es blanco!

Blanca es la pared
que te separa de mi red
Blanco el insulto
Blanco el tumulto
donde casi pierdes el bulto
¡Todo es blanco!

Blanco es el babero
con que tomo el tetero
Blanco el llavero
que me trajo el cartero
Blanco es el mes de enero
Blanco el carguero
¡Todo es blanco!

Blanca es mi sonrisa

por la que me muero de risa
Blanca es mi tía Luisa
Blanco el melón
que me dejó
tendido en el callejón
¡Todo es blanco!

Blanco es el apartamento
que me lleva al tormento
Blanco mi aposento
Blanco el talento
que me tiene sin aliento
¡Todo es blanco!

Blanco es el maletín
que te regalaron
el Día de San Valentín
Blanco es el sobre
que le llevaste al pobre
Blanca la esperanza
Blanca la añoranza
¡Todo es blanco!

Blanco es el caserío
que está cerca del río
Blanca la lavadora
que tiene Pandora
Blanca la aurora
que siempre se demora
¡Todo es blanco!

Blanco es el paraguas

que tengo en Camatagua
Blanca la arena
que llevan a Guarenas
Blanco era el líder de Guatire
¡Todo es blanco!

Blanca es la plaza
donde el niño caza
pequeños limpiacasas
Blanco el mantel
Blanca la bechamel
Blanca la picada
de la cascabel
¡Todo es blanco!

Blanca es la cuna
en la que nació Pedro Osuna
Blanco el lecho
donde mamá me dio pecho
Blanco es mi destino
Blanco el camino
¡Todo es blanco!

Blancas son las canas
que marchitan tus años
Blancos son los baños
que curan los daños
Blancos los marcos
con que adornan los barcos
¡Todo es blanco!

Blancas son las tijeras

que siempre tienen ojeras
Blanca la piel del laurel
Blancos los ojos de la macaurel
Blancos los labios
del difunto Miguel
¡Todo es blanco!

Blanca es la patineta
del anacoreta
Blanco el marfil
Blanco tu perfil
Blanca la cuerda sin fin
Blancos los dientes del delfín
¡Todo es blanco!

Blanco es el maíz
que me mandan de San Luis
Blancas las arepas
que hacen las puretas
Blanca la masa
Blanca la gasa
Blanca la taza
¡Todo es blanco!

Blanco es el bigote
que te rizas como un monigote
Blanca es la llama
que te inflama
Blanco es el ruego
Blanco es el juego
¡Todo es blanco!

Blanco es el tobo
con que se lava el bobo
Blanco el desodorante
que me quita el olor a elefante
Blanco es el río Uribante
¡Todo es blanco!

Blanco es el cotoperí
que se me atragantó aquí
Blanca es la lista
que te hizo reservista
Blanca la vista
Blanco el oculista
¡Todo es blanco!

Blancos son los soviéticos
que juegan con la vida de sus nietos
Blancos los cohetes
que lanzan como juguetes
Blanco el martillo
Blanco el cuchillo
que nos pasan por el frenillo
¡Todo es blanco!

Blanca es la libertad
Blanca la maldad
Blanca la suavidad
de la piel de Caridad
Blanco el desierto
Blancos los cubiertos
¡Todo es blanco!

Blanca es la espuma del café
Blanca la franela
que se puso Pamela
Blanco el 26
Blanco el 86
Blanco el 106
¡Todo es blanco!

Blanca es la burbuja
que reventó la aguja
Blanco el hilo de la bruja
Blanca la cosa tuya
que me das para que no huya
Blanca es la barriga del auriga
¡Todo es blanco!

Blanco es el verde
Blanco el amarillo
Blancos los recuerdos
de Caño Amarillo
Blanco el dolor
que te deja mi amor
Blanco el techo de tu pecho
¡Todo es blanco!

Blanco es el loco
Blanco el zaperoco
Blanca la pulpa del coco
que vende Tinoco
Blanco el policía
Blanca la fulía
Blanca la alcancía

¡Todo es blanco!

Blanca es la crema
Blanca la azucena
Blanco el pollo relleno de repollo
Blanca es la gorra
Blanca la porra
Blanca la mazmorra
¡Todo es blanco!

Blanca es la tolerancia
Blanca la arrogancia
Blanca la comida
que está rancia
Blanco tú
Blanco yo
Blanco el tuyuyo
Blanco el Tocuyo
¡Todo es blanco!

Blanca es la plata
Blanca la paraulata
Blanca la rata
que está dentro de la lata
Blanco el cañón
Blanco el piñón
¡Todo es blanco!

Blanco es el vino
Blanco el sifrimo
Blanco el lino del pantalón fino
Blanco el jabón

Blanco el cabezón
Blanco el turrón
que venden en la esquina
de La Marrón
¡Todo es blanco!

Blancas son las elecciones
Blancas la votaciones
Blancas las acciones
que hacen grandes naciones
Blanco el país
Blanca la cerviz
Blanco el sí que hizo frenesí
¡Todo es blanco!

Blanca es la edad
que nos lleva a la eternidad
Blanco es el excipiente
que usa el dependiente
Blanco el excremento
Blanco el fermento
¡Todo es blanco!

Blanco es el cloro
con que lavas el inodoro
Blanco es el clavo
donde está guindado el pavo
Blanco el burdel
que vista mi primo Miguel
Blanco el granero
Blanco el chiquero
¡Todo es blanco!

Blanca es la reprimenda
que me dieron en la tienda
Blanca la venda
que amarraste a la rienda
Blanco el rinoceronte
Blanco el bisonte
¡Todo es blanco!

Blanco es el curul
de donde pides
carreteras para El Baúl
Blanca la cúpula
de la iglesia de Cúpira
Blanca la bola
Blanco el bolsa
¡Todo es blanco!

 Blanco es el paredón
donde Fidel fusila sin perdón
Blanco es el hueco del cañón
Blanco el malecón
donde asaban el lechón
Blancas las mentes
que tortura sin razón
¡Todo es blanco!

Blanco es el aliño
Blanco el corpiño
que sostiene las tetas de Laura Muiño
Blanco el cristiano
Blanco el puritano

Blanco el malsano
¡Todo es blanco!

Blanco es el criollo
que vive metido en un rollo
Blanco el crío
Blanco el trío
Blanco el frío
Blanco el fruto del cambur
que se repartieron en el Sur
¡Todo es blanco!

Blanco es el bochinche
Blanco es el berrinche
Blanco es el bohemio
que siempre tiene tedio
Blanco es el boceto de Anacleto
Blanco el bolchevismo
Blanco el bolivarianismo
Blanco el rico que atesora
dinero como un borrico
¡Todo es blanco!

Blanco es el entierro
de la virgen que mataron con un fierro
Blanca es la manta
que lleva la infanta
Blanca la manteca
Blanca la discoteca
¡Todo es blanco!

Blanco es el retaco

que tiene metido el mocho en el taco
Blanca la orquídea
Blanca la Patria mía
Blanca la ortografía
Blanca la psicología
Blanca la ornitología
¡Todo es blanco!

Blanco es el gobernador
que arremete contra
el hampa sin pudor
Blanca es la golosina
que se come mi vecina
Blanco es el grabado
que tiene mi arado
Blanco es el gozo
Blanco el mozo
¡Todo es blanco!

Blanca es la heroína
que no tiene nada que ver con la cafeína
Blanca es la juventud
que está en contra de la pulcritud
Blanca es la generación
que pasa por la vida sin acción
Blanca la esclavitud
Blanca la rectitud
¡Todo es blanco!

II
PEQUEÑA CLASE DE ANATOMÍA

Blanco es el frontal
Blanco el temporal
Blanco el superciliar
Blanco el peroneo lateral
Blanco el parietal
Blanca la tercera vértebra lumbar
que está muy cerca de la doceava dorsal
Blanco el occipital
que te rascas con el pulgar
Blanco el orbicular
que no tiene nada que ver con el femoral
Blanco el maxilar
que utilizas hasta reventar
Blanco el pectoral
que baila con el subescapular
Blanca la vértebra cervical
que mira desde arriba
a la articulación escapulo humeral
Blanco el bíceps braquial
Que es primo lejano del crural
Blanco el transversal
que te protege la nariz de un golpe real
Blanco el triangular
que no hace cansar a tus labios de tanto besar
Blanco es el tenar
Blanco el hipotenar
¡Todo es blanco!

III
DIVAGACIONES ETÉREAS

Blanco es el ornamento

que viste al firmamento
Blanco el universo
en que me encuentro inmerso
Blanco el universitario
Blanco el boticario
Blanco el vicario
¡Todo es blanco!

Blanco es el purgatorio
para los que no fueron al crematorio
Blanco el velorio
de mi amigo Honorio
Blanca es la perdiz
Blanca la codorniz
¡Todo es blanco!

Blanca es la sinfonía
Blanca la armonía
Blanca la cama mía
donde duermo con tú tía.
¡Todo es blanco!

Blanco es el venado
Blanco el cuñado
Blanco el loco
Blanco el coco.
¡Todo es blanco!

Blanco es Jimmy Carter
Blanco el carterista
Blanco el carterista
Blanco el baterista

que toca sin pista.
¡Todo es blanco!

Blanca es la engrapadora
Blanca la culebra cazadora
Blanca la computadora
de Doña Aurora.
Blanca la picadura
que le jodió el dedo a Isadora.
¡Todo es blanco!

Blanco es el CD
Blanco al que se lo di
Blanco el paují
Blanco el paujo
Blanco el brujo
¡Todo es blanco!

Blanco es Toño
Blanco el coño
Blanca la madre
Blanco el coño de madre
Blanco el coño de tú madre.
¡Todo es blanco!

Blanca es la historia
Blanca la prehistoria
Blanco el prontuario
Blanco el carcelario
Blanco *El tuerto* Candelario
¡Todo es blanco!

Blanca es la música
Blanca la tumusa
del Padre Arrusa.
Blanco el ordinario
Blanco el calvario.
¡Todo es blanco!

Blanca es la sonata
Blanca la mata
Blanco el tonto
Blanco el vino
que sabe divino.
Blanca la audiencia.
¡Todo es blanco!

Blanco es el sentir
Blanco el regalo
que le compré a mi mamá.
Blanca la felicidad
Blanca la ansiedad.
¡Todo es blanco!

Blanca es la economía
Blanca la comida
que se come Hermelinda.
Blanco el crecimiento
Blanco descrecimiento.
¡Todo es blanco!

Blanco son los conflictos
Blancos los ricos
Blancas las contradicciones

Blancas las ilusiones
Blanca la psiquiatría
que no lleva a la locura.
¡Todo es blanco!

Blanca es la grandeza
Blanca la pobreza
Blanca la capa de ozono
Blanco el calentamiento global
que nos freirá como monos.
¡Todo es blanco!

IV
LECCIONES DE MECÁNICA

Blanco es el motor
Blanco el rotor
Blancas las correas
del alternador.
Blanco el cigüeñal
que se mueve como un animal.
¡Todo es blanco!

Blancas son las bielas
que se envuelven en tinieblas.
Blancos los pistones
que comen tostones.
Blanca la gasolina
Blanca la golosina
¡Todo es blanco!

Blancas las bujías

que vende el señor Mejías.
Blanco el radiador
que calienta el agua con hervor.
Blanco el arranque
Blanco el carburante
Blanca la manguera
Blanca la abrazadera
¡Todo es blanco!

Blanco el farol
que alumbra la vía
por donde camino.
Blanco el stop fino
Blanco el retroceso
que te lleva tieso.
Blanca la luz de cruce
que indica el desvío.
Blanca la señal
Blanco el fanal
¡Todo es blanco!

Blanco el acelerador
que en un rato te pone en 110.
Blancos los kilómetros
Blanco el rodaje
Blanco el kilometraje
¡Todo es blanco!

Blanco el freno
que evita que te mates
como un pendejo.
Blancas las llantas

Blancas el cojinete
Blanco el torniquete
Blancas las nalgas del zoquete.
¡Todo es blanco!

Blanco la guaya
Blanca la regorgaya
Blanca la correa
que mide los tiempos.
Blanco el tormento
cuando no arranca
en un momento.
¡Todo es blanco!

Blanco es el dado
con que aprieto la taza.
Blancas las bandas
Blancas las pastillas
Blanca la gasolina
Blanca la naftalina
Blanco el gasoil
Blanco el full oíl
¡Todo es blanco!

Blanca la caja automática
que suena como una lata.
Blanco el aceite
que evita que deslice.
Blanco el pistón
Blanco el mecánico *juevón*.
¡Todo es blanco!

Blanco el encendido
Blancas las válvulas
que vuelan como garzas.
Blanco el gusanillo
del caucho delantero.
Blancos los cables
del condensador.
Blanco el aire acondicionado
Blanco el oxígeno
que lo pone frío.
¡Todo es blanco!

Blanco es el cárter
Blanco el tapón del cárter
Blanca es la bomba de agua
que nunca explota.
Blanco la arandela
que me regaló Micaela.
Blanca la polea
Blanca la correa
Blanca la rolinera.
¡Todo es Blanco!

Blanca es la llave inglesa
Blanca tu tía Teresa
que cuando va al mecánico reza.
Blanca la tres octavo
Blanca una cuarto plana
Blanco el destornillador de estrías
Blanco el eje de compensación
que te lleva con pasión.
¡Todo es blanco!

Blanco el piñón de arrastre
Blanco el rotor
Blanco el tensor
Blanco el dolor
si no lo colocan con presión.
Blanco el dado del *rache*
Blanca la caja de cambios
Blanco el caucho de recambio
que no debe estar dañado.
¡Todo es blanco!

Blanco el alicate
Blanco el aguacate
que se come el aprendiz automotriz.
Blanco el gato hidráulico
Blanca la tenaza
Blanco el cincel
que no se usa como un pincel.
¡Todo es blanco!

Blanca es la lima
Blanca la sierra de mano
Blanco el humano
que trabaja en el taller.
Blanca la rosca
Blanco el escariador
Blanco el trabajador
¡Todo es blanco!

Blanca la cizalla
con que te sacan las agallas

Blanco el atornillador plano
con que ajustan el carburador.
Blanca la remachadora
que usa Doña Isadora.
¡Todo es blanco!

Blanco el extractor
Blanco el flexómetro
Blanco el goniómetro
con que miden los ángulos
y comprueban los conos.
Blanca la grasa que pone
al auto a andar gomoso.
¡Todo es blanco!

Blanca la transmisión
que hace mover las ruedas.
Blanca la cuenta del taller
que te pone sudar hiel.
Blanco el volante
Blanco el viandante
Blanco el diferencial
que da potencia y seguridad.
¡Todo es blanco!

Blanca la primera
Blanca la tercera
Blanco el retroceso
que te hace andar al revés.
Blanco el tripoíde
que si parte suena a resorte.
Blanco el kilometraje

Blanco el voltaje
¡Todo es blanco!

Blanca la llave allen
que en nada se parece a un Alien.
Blanco el llavín de torsión
que no huele a jazmín.
Blanca la luz Noid
Blanco el Torx que no
es familia del legendario Thor.
Blanco el culillo si te llevas
por delante a un monaguillo.
¡Todo es blanco!

Blanco el medidor de presión
Blanco el multímetro
que si se daña viajarás en metro.
Blanca la camisa
Blanca la cortapisa
¡Todo es blanco!

Blanco es el refrigerante
Blanca la batería
que compré en Lecherías.
Blanca la butaca
donde hice el amor con la flaca.
Blanco el pedal de frenos
que si se daña te metes en un peo.
Blanco el reflejo
del espejo feo.
¡Todo es blanco!

Blanco el tubo de escape
que bota humo de atrás *pá lante*.
Blanco el volante
que da vueltas de aquí y allá.
Blanca la culata que semeja
al culo de la mulata.
Blanca la tapa de la culata
Blanca la arandela de caucho
Blanco el colector de admisión
Blanco el mojón
del mecánico gordinflón.
¡Todo es blanco!

Blanca la junta tórica
que nunca se atora.
Blanco el bloque del motor
que hay que cuidarlo con amor.
Blanco su vecino el piñón
Blanco el árbol de leva
que te puede llevar al tormento.
¡Todo es blanco!

Blanco el filtro de aceite
donde hace caca el motor.
Blanco el tambor
Blanca la suspensión
Blanco el amortiguador
que te protege el riñón.
¡Todo es blanco!

Blancas las revoluciones
Blanca la supermarcha

Blanco el overdrive
que te lleva al delirio.
Blanco el ronquido
del motor bien ajustado.
Blanco el muerto parado
Blanca la cajuela
Blanca la guantera
¡Todo es blanco!

Blanco es el cableado eléctrico
que a veces se vuelve tétrico.
Blanco los limpiaparabrisas
Blanco los espejos laterales
Blanco el retrovisor
que no canta como un ruiseñor.
Blanca la llave del switch
que me lleva bien lejos de aquí
¡Todo es blanco!

V
OCIO INCONCLUSO

Blanco es el ocio
Blanco el ocioso
Blanco el imbécil
que escribe bobadas.
Blanco el necio
Blanco el recio
Blanco el vagabundo
que va por el mundo.
¡Todo es blanco!

Blanca la fiesta
Blanca la trompeta
que tocas sin sordina
Blanca la sardina
que huye de la red
que la aprisiona.
Blanca la ración que le dan
a los pobres en la misión.
Blanco el sol
Blanca la luna
Blanca la aceituna
que viene de Arichuna.
¡Todo es blanco!

Blanco es el gozón
que se masturba con pasión.
Blanca la procesión
donde las viejas piden perdón.
Blanca la lechuga
Blanca la pechuga
del pavo de antaño.
¡Todo es blanco!

Blanco el estilete
Blanco el cadete
que desfila sin control.
Blanco el perol
Blanco el tirol
Blanco el polvo
que levanto mientras corro.
¡Todo es blanco!

Blanco es el motorizado
Blanca su moto
con la que trabaja.
Blanca la navaja
con la que corto el pescado.
Blanco el sudado
Blanco en engorilado
¡Todo es blanco!

Sigue en mis apuntes...

TRILOGÍA EL PAPIRO

La aventura comienza en...

EL PAPIRO
Primera novela de la trilogía El Papiro

EL
PAPIRO
DIEGO FORTUNATO
Editorial
BUENA FORTUNA
Caracas

EL PAPIRO
Sinopsis

Ante el temor de estar en presencia de un Anticristo, monjes de una antigua Misión Capuchina inician la despiadada persecución de un joven predicador que hacía milagros en los barrios donde enseñaba los evangelios. La Santa Sede aprueba la acción porque cree que descubrirá el misterio de un fragmento de Los Papiros del Mar Muerto donde se revelan oscuros secretos. Desde el Vaticano envían a un *Justiciero de Dios*, una especie de sicario de la Iglesia perteneciente a una antigua secta Templaria, con el propósito de asesinarlo. Al ser capturado descubren que de su cóccix pende un largo rabo y en su tetilla izquierda se le desdibujaba un extraño tatuaje escrito en arameo, la misma lengua que hablaba Jesucristo. Enigmas, romances y muertes. Cardenales, obispos y grande jerarcas de la Iglesia ligados a sectores de la Mafia, se ven involucrados en un macabro plan donde hasta las sombras tiemblan.

Continúa en...

LA ESTRELLA
PERDIDA
DIEGO FORTUNATO
Editorial
BUENA FORTUNA
Caracas

LA ESTRELLA PERDIDA
Segunda novela de la trilogía El Papiro

Sinopsis

Un grupo de arqueólogos descubren en unos viejos papiros el misterio de La Vera Cruz, la cruz de la crucifixión de Cristo, que se hallaba perdida desde su muerte. Los escritos revelaban que los esenios, hermandad de la que formaba parte Jesucristo, la habían llevado y escondido en la cima del enigmático Kukenán, el llamado Tepuy de los Muertos, en la Gran Sabana, al sur de Venezuela. Divor Klaus, un avezado antropólogo y aventurero, parte a buscarla porque los rollos revelaban que se materializaría a las tres de la tarde del Domingo de Resurrección de ese año. La Santa Sede, apoyada por los Dei Pax, un grupo de sicarios al servicio de la Iglesia, va tras su pista, pero se topa con un místico secreto: el nacimiento en la tierra de los Nion, una especie de niños ángeles con poderes celestiales y guardianes de ancestrales misterios divinos. Intrigas y confabulaciones se apoderan del Vaticano y sus más altos prelados, hasta que el día señalado acontece la alineación del Triángulo Divino, suceso que devela nuevas y tenebrosas profecías para la humanidad.

Y finaliza en…

LA VENTANA DE AGUA
Tercera novela de la trilogía El Papiro

Sinopsis

Científicos unen esfuerzos para encontrar el antídoto al letal virus anunciado en La Profecía de la Vera Cruz. Para lograrlo deben desentrañar el misterio de *La ventana de agua*, descrita en la misma profecía. El antropólogo Divor Klaus y otros miembros del *Omne verum*, auxiliados por los Niños Luz o Elegidos de Dios sobre la tierra, una especie de ángeles de nuestros tiempos, comienzan un duro peregrinar tras las pistas que lo conducirán hacia la enigmática Ventana, la cual encierra el secreto y curación de la peor peste jamás sufrida por el hombre. De fracasar en sus intentos, más de tres tercios de la humanidad correrá el peligro de morir en sólo pocos días. La Santa Sede, auxiliados por los *Dei Pax*, el ala armada del Vaticano, busca a toda costa de apoderarse del papiro donde está la mortal profecía porque sospechan que *La Ventana de Agua* también revela el misterio de La Santísima Trinidad. Persecuciones, torturas y muertes sellarán el desconcertante final.

OTRAS NOVELAS DEL AUTOR

LA CIUDAD SUMERGIDA
El último camino

Diego Fortunato

BUENA FORTUNA

LA CIUDAD SUMERGIDA
–El último camino–

Sinopsis

Monjes de un antiguo monasterio hallan viejos manuscritos y un mapa de la época colonial atribuidos a fray Bartolomé de Las Casas, el llamado cronista de Las Indias, donde se revela la existencia de una misteriosa Ciudad de Luz Resplandeciente sumergida en el Golfo de México. Organizan una *Santa Misión* para ir en su búsqueda. Un poderoso cártel de la droga, creyendo que se trataba del mítico El Dorado, contrata a los mejores expertos en exploración submarina para recuperar sus tesoros sin saber que la Interpol y la DEA están tras sus pasos. Sucesos cargados de emoción, intrigas y muertes llevarán a los expedicionarios hasta la Fosa de Sigsbee, el lugar más profundo de las aguas del golfo, donde vivirán los momentos más alucinantes de sus vidas al toparse con *El último camino*.

PIRÁMIDES
DE HIELO
La revelación
Diego
Fortunato
BUENA FORTUNA

PIRÁMIDES DE HIELO
La revelación

SINOPSIS

Una expedición científica parte a la Antártida con la misión de estudiar los efectos del cambio climático en el agujero de la capa de ozono del Polo Sur, el más grande de la tierra, a fin de salvar al planeta de una inminente extinción. En su camino hacia el Domo Argos, una inexplorada meseta donde la temperatura desciende a menos noventa y tres grados centígrados, un meteorito de apocalípticas proporciones se estrella en el desierto blanco causando terremotos, tsunamis y devastación en muchas ciudades del mundo. Los aventureros van en busca del cráter de impacto. En su avance se topan con alucinantes fenómenos, pero decididos siguen adelante hasta que descubren tres colosales pirámides de hielo y un reluciente puente de escarchada nieve que los conduce hasta la Tabla de las Revelaciones. Suspenso teñido de realismo fantástico y una inolvidable aventura que se calcará en sus pupilas hasta el día final, espera a los ansiosos viajeros.

AL ESTE
DE LA MURALLA
-El ojo sagrado-

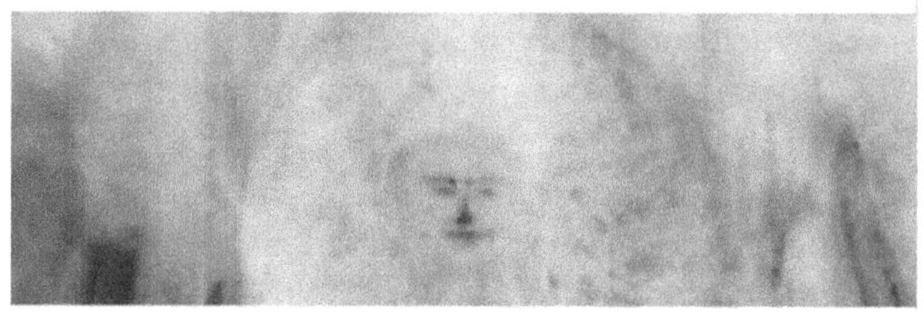

Diego Fortunato

BUENA FORTUNA

AL ESTE DE LA MURALLA
–El ojo sagrado–

Sinopsis

Dick Lance y un grupo de arqueólogos se aventuran en una expedición hacia la cordillera del Tian Shan, las *Montañas celestes de los espíritus*, en busca de una cueva donde apunta el misterioso rayo descrito en un antiguo mapa de la Dinastía Qin que compró en un mercado mongol. Simultáneamente, astrónomos del observatorio Monte Palomar creen estar ante el descubrimiento del siglo al notar en imágenes enviadas por los telescopios espaciales Hale y Hubble una enigmática radiación que proyecta la Nebulosa Hélix, el llamado *Ojo de Dios*, en dirección a la Tierra. Una misión científica secreta china, también alertada por sus satélites, viaja bajo fuerte custodia militar hacia la región del Xinjiang, el lejano oeste de China, en busca del lugar que señala la poderosa luz. Suspenso cargado de aventuras, muertes, acción y sensacionales revelaciones conducirán a los aventureros hacia El ojo sagrado.

SOBRE DEL AUTOR

Diego Fortunato, escritor, poeta, periodista y pintor italiano nacido en Pescara (Italia). Desde su más tierna infancia vive en Venezuela, su tierra adoptiva, país donde se trasladaron sus padres al huir de los rigores y devastación que dejó la Segunda Guerra Mundial en Europa. Cursó estudios académicos que van desde teatro, en la Escuela de Teatro Lily Álvarez Sierra de Caracas, pintura, leyes en la Facultad de Derecho y periodismo en la entonces llamada Escuela de Periodismo de la Universidad Central de Venezuela. Desde temprana edad fue seducido por las artes plásticas y la literatura gracias a la pasión y esmero de su madre, ávida lectora y pintora aficionada. Sus novelas, teñidas aventura, acción y suspenso, logran atrapar en un instante la atención del lector. Sus poesías, salpicadas de delicada belleza, están tejidas de mágicas metáforas. La pintura merece capítulo aparte. En sus cuadros, de impactantes contrastes cromáticos y a veces de sutiles y delicadas aguadas, Fortunato establece sorprendentes diálogos con la luz y las sombras, como en el caso de sus series *Mujeres de piel de sombra* y *La femme en ocre*. La mayoría de sus cuadros ilustran las portadas de sus novelas y demás libros.

ALGUNAS OBRAS

Novelas: La Conexión (2001). La Montaña-Diario de un desesperado (2002). Url, El Señor de las Montañas (2003). El papiro (2004). La estrella perdida (El Papiro II-2008). La ventana de agua (El Papiro III-2009). Atrapen al sueño

(2012). La espina del camaleón (2014). 33-La profecía (2015). Pirámides de hielo-La revelación (2015). Al este de la muralla-El ojo sagrado (2016). La ciudad sumergida-El último camino (2017). **Cuentos**: En las profundidades del miedo (1969). **Dramaturgia**: Franco Súperstar (1988), Diego Fortunato-Víctor J. Rodríguez. **Ensayos**: Evangelios Sotroc (2009). Pensamientos y Sentimientos (2005). **Poemarios**: Brindis al Dolor (1971). Cuando las Tardes se Tiñen de Aburrimiento (1994). Lágrimas en el cielo (1996). Hojas de abril (1998). El riel de la esperanza (2002). Caricias al Tiempo (2006). Acordes de Vida (2007). Poemas sin clasificar (2008). Palabras al viento (2010). El vuelo (2011). El sueño del peregrino (2016).

Si quieres saber más del autor busca en

http://www.diegofortunatoescritor.blogspot.com

www.artilandiadediegofortunato.blogspot.com

http://www.evangeliossotroc.blogspot.com

http://www.diegofortunatoandart.blogspot.com

Contacto© Diego Fortunato

diegofortunato2002@gmail.com

diegofortunato2002@yahoo.es

https://www.facebook.com/diego.fortunato1

@DivorKlaus

www.ingramcontent.com/pod-product-compliance
Lightning Source LLC
Chambersburg PA
CBHW061315120726
48001CB00002B/518